Ventas millonarias por internet

Conoce los secretos que no te cuentan
"los expertos"

Esta guía más que un libro es una herramienta de lectura rápida, para las personas que se quieran informar sobre el tema y quieran iniciar a ganar dinero por internet, si llegaste a este libro déjame felicitarte porque a partir de ahora empezaras a tener una nueva perspectiva y una visión más amplia de que productos o servicios son una estafa y cuales no lo son.

¿Y sé que te puedes estar preguntando porque yo podría saber esto? Déjame decirte que me especializo en ventas, y conozco las ARTIMAÑAS que utilizan los "expertos en algún tema específico" para venderte su productos o servicios.
Pero quiero decirte toda esta información de forma rápida ya que soy una persona que considera que al público se le

debe dar justo lo que se le ofrece, por este motivo quiero ser claro contigo, no pretendo dar vueltas ni rodeos.
se que el tiempo es el activo más valioso por este motivo te pido que valores el contenido si en realidad te sirve de ayuda y no por el número de hojas porque de antemano quiero que aprendas de forma rápida y no quiero enredarte con conceptos que quizás no tengan importancia en este momento como lo hacen otras personas que por tratar de vender sus productos o servicios te confunden y se aprovechan de eso para venderte, lo que si te diré en el libro son los métodos de como

juegan con tu mente en la nueva era digital para venderte.

Esta información la puedes tomar y estafar a otras personas y ganar miles de dólares, la puedes tomar para evitar caer en esas telarañas que te terminan sacando dinero de tu bolsillo con falsas promesas, o puedes utilizar esas herramientas que te daré para llenar tus bolsillos de dólares y dar valor a tus clientes.

¡Y si! está bien utilizar algunas de estas herramientas pero no abusar de ellas, no jugar con las necesidades de las personas, ahí es donde está mal. Y quizás a la primera generes muchas ventas pero a la larga esos métodos pueden fastidiar a los clientes y abstenerse de realizar una futura compra, y lo peor, que tu reputación termine por los suelos.

primero que todo quiero que pienses ¿que hace a una persona experta? Sus fracasos, su experiencia, sus éxitos, su liderazgo... resulta que muchos de esos que se autoproclaman expertos o gurús son personas comunes y corrientes que saben un "poquito" más que la media, o que realizan un curso y ya se creen expertos en la materia y con hacer un video con ropa y lugares prestados, vendiéndote una vida que aún no tienen te manipulan, y se pueden sonar tan convincente que te terminan vendiendo. Pero resulta que ese resultado que muestran en futuros videos son con tu dinero, entonces recuerda que ellos crean primero su vida aparentando pero después te cobran un curso que puede salir de forma desorganizada y gratuita en youtube en miles de dólares, argumentando.

- "esque tuve que pagar miles de dólares por este conocimiento"
- "mi tiempo vale mucho por eso cobro miles de dólares por un curso que solo hago una vez y ya"

empiezan diciéndote que te van a ayudar y crean esa confianza pero de forma indirecta te dicen que si quieres que te ayude compre su producto, pero solo si estás dispuesto a comprarlo te ayudara.

Y en esos caso me pregunto - ¿Dónde está la ayuda que prometen, cuando para acceder a algún producto deben endeudarse, vender la casa o hasta a la hermana? lo siento por eso pero me indigna demasiado, por este motivo mis libros y cursos los vendo a un precio de $20 a $0.99 dólares... es como si dijera, sé que mi tiempo vale pero quiero ayudar a las personas que no tienen los recursos, y si al comprar un libro y ven resultados al final dejo unos datos para que me busquen y me lo hagan saber y puede caber la posibilidad de trabajar juntos y ayudar a mis lectores en lo que más pueda, ya que aunque no soy un "experto" mis resultados, fracasos, experiencias, la admiración de la gente habla por mí, sin tener que cobrar miles de dorares por un solo servicio o por un libro.

Entonces si has puesto atención quiero
decirte que ya te he revelado varios conceptospara ganar dinero p

or medio de las ventas por internet.

Ahora si empezare a explicar como nos manipulan para comprar, esos trucos que utilizan **los referentes** con campañas de marketing elaboradas para terminar sacando dinero de tu bolsillo.

Primero que todo debo decir que muchos si añaden valor agregado y el precio que pagaste es equivalente al valor recibido. Pero la mayoria no es asi.

En este punto debo confesarte que te lleve por varios de estos metodos con el fin de mostrarte uno a uno como hacen para manipularnos y para que veas en futuras ocasiones. Ya que cuando uno conoce una tecnica la recuerda en el momento que tratan de engañarte nuevamente.

1. Desde donde crees que inice este proceso de juego con tu mente? Desde, la primera pagina, desde que hable de lo importante que es el tiempo, desde que te dije que primero

te venden una imagen y tu la compras... pues no. Inicie connectando contigo mediante el titulo ya que te parecio llamativo y en la parte donde mensiono la palabra secreto y "expertos" que siempre señalo. Ya que esto quiere decir que hay un conocimineto que tu desconoces pero si compras el libro seras mejor que la media, sabras esos secretos que los expertos no te dicen. Luego con señalar entre comillas haces tus propias conclusiones, si esas personas si son o no son expertos y de lo que estas seguro/a es que detras de lo que te ofrecen por internet hay un engaño. Ese fue el primer vinculo que genere contigo, por eso en la portada trabaje con colores llamativos.

2. La descripcion que le puse al libro es una con palabras relacionadas con "descubre" "conoce" como personas como tu y como yo

haciendosen pasar por gurus o expertos estan generando miles de dolares al mes. (en este punto te estoy dando una verdad, estoy diciendo que ellos estan ganando esa canitidad y es cierto, pero creo que pesa mas la honestidad y etica por eso te estoy revelando estos secretos para que tu veas que haces con esta información, ya sea para agregar valor y ayudar o para estafar a otras personas.

3. El precio: en psicologia basica nos enseñan que si ponemos un precio con un .99 se percibira mas economico ya que el cerebro vera el primer numero de izquierda a

derecha es decir. Si un producto vale $299.99 el cerebro lo vera como "docientos y algo" y no en $300 que seria su valor que se acerca mas al real

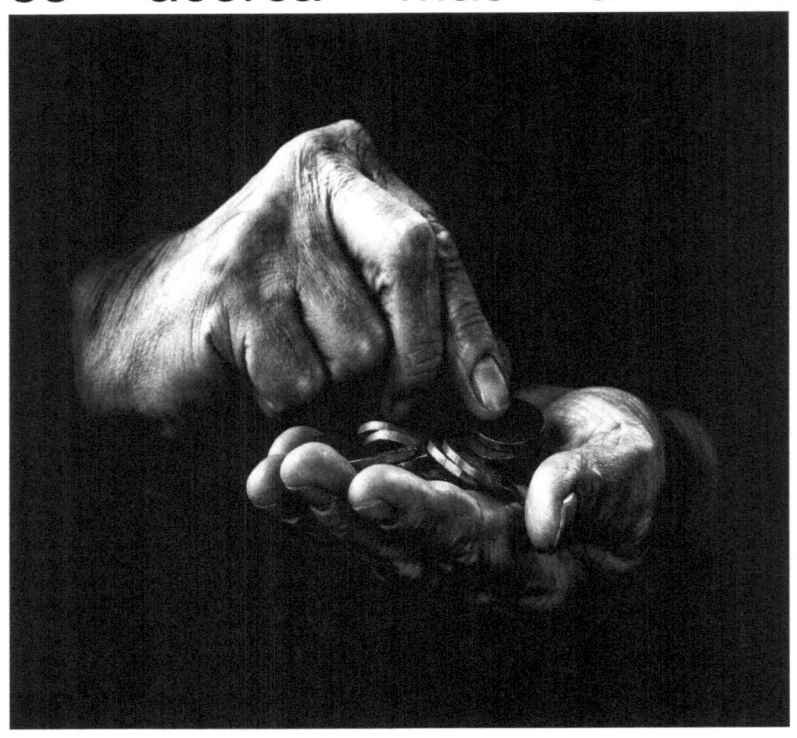

4. **Promociones:** como dije en un inicio el creador del servico digital lo hace una vez y lo

vende infinitamente de acuerdo al alcance de su publico. Por ende el precio lo elige el creador. Muchas veces dicen algo como:
"- Antes 800 ahora 600"
"- Solo por tiempo limitado"
Esto lo hacen con el fin de que el consumidor perciba un ahorro inmediato y un afan o una urgencia por comprar el producto o servicio

5. Conectar con el cliente: primero identifique que ya te llamaba la atencion ya sea porque has comprado cursos donde no explican bien o simplemente sabes que muchos de esos nuevos emprendedores quieren

meterte a un negocio o venderte un producto solo por beneficio propio, solo quieren sacarte dinero de tu bolsillo, una vez te concete con tu forma de pensar sobresali de la mayoria diciendo que queria ayudar y lo demostre con el precio tan economico, para asi llegar a los que no tienen tantos recursos. Y de hecho es verdad al publicarlo en amazon hay una aplicacion donde la gente puede leerlo gratis y amazon me paga regalias por hojas leidas.

6. Sin duda la estrategia favorita es la de el lanzamiento del servicio, este metodo lo utilizan para realizar la mayor cantidad de ventas, consta de crear espactativa tiempo antes del lanzamiento y una vez la gente empiece a preguntar la forma de adquirir el servicio o producto se realiza el lanzamiento teniendo

asi mayor alcance y mas clientes potenciales.

7. Cuando dije que era una lectura rapida y que queria ser preciso contigo enganche al lector ya que pscilogicamente las personas quieren todo para ya.

Y no les gusta la lectura, pero con contenido dinamico y directo puedo conectar con esas personas que necesitan la información o que ya les hice creer que la necesitan.

8. **Puntos de dolor:** esta es la forma mas efectiva pero a la vez la mas miserable para impulsar una venta, ya que tocan esos puntos de forma agresiva y lo hacen con preguntas inocentes "un niño de 12 años esta ganando medio millon de pesos haciendo esto... ¿cuanto ganas tu?",

"cuantos años estas perdiendo","si a mi me hubieran dado esta información cuando era joven, mis resultados se multiplicarian por 10","yo hipoteque la casa para hacer este curso y mis ganancias se multiplicaron, pague la casa y monte mi empresa" estos son algunos puntos de dolor que utilizan normalmente.

9. **Nada es gratis: CUIDADO!!!** En redes sociales se puso de moda webinarios, libros, cursos, videos GRATIS a cambio de un correo electronico, dejame decirte que una vez puesto tu correo electronico en una pagina de captura de e-mail. Entras en un embudo de ventas. Y constantemente te bombardean con muchos correos llenos de psicologia y neuroventas para que abras el correo, empices a sentirte mal con los puntos de dolor que normalmente tocan. Para despues venderte sus productos mas costosos.

10. **Prometer resultados:** ese metodo lo maquillan con una historia personal y dicen que si ellos fueron capaz tu tambien eres capaz y dejame decirte que las circunstancias cambian, la actitud de las personas no siempre es igual, la suerte tambien juega un papel importante, asi que lo que me puede dar resultados a mi puede que a otra persona no le den resultados. Y es normal por eso nunca prometo resultados y dejo claro que los resultados son proporcionales al esfuerzo realizado.

11. **Autoproclamerse guru o experto:** en la internet la gente muestra lo que quiere que vean, por eso nunca diran que estan pasando por situaciones dificiles. Solo diran las situaciones por las cuales "ya pasaron" creando una autoridad en el tema. Las personas muestran lo que quien

que veamos, pero tarde o temprano las mascaras caen. Por eso si estas pensando hablar de un temaen el cual tienes autoridad crea la marca personal lo mas rapido que puedas y conviertete en un referente ya que eso lo permite la internet.

Como puedes ver hay muchas herramientas que usan para manipularnos e incentivar a la compra de un producto y servicio, pero lo bonito de este libro es que una vez que conoces un metodo cuando alguien venga a venderte un producto o servico con estos metodo diras:

✓ "Esta imagen miniatura o portada es muy llamativa, estan usando el metodo de vender por los ojos y los colores y textos llamativos"

✓ "Esta descripcion es controversial, de seguro quiere captar la atencion del lector"

✓ "Este precio esta mas cerca a los 300 dolares y no a los 200 como lo quieren hacer creer"

- ✓ "El valor real es este, solo quieren que lo compre ahora. Quieren crearme la sensacion de urgencia"
- ✓ "Esta persona esta diciendo lo que quiero oir para conectar conmigo"
- ✓ "esta persona quiere engancharme y quiere hacerme creer que necesito terminar de leer (a proposito esto ocurre mucho en la television, en el mejor momento se acaba el programa o dan propagandas)"
- ✓ "esta tocando puntos de dolor, quiere jugar de la manera mas asquerosa con mi mente"
- ✓ "Gratis?... si claro... quiere entrarme en un embudo de ventas para terminarme

vendiendo el producto mas caro que tiene"
- ✓ Garantiza resultados y dice que si no, devuelve el dinero y despues para devolver el dinero hay que hacer un monton de tramites, encuentas de satisfacción, para despues venderte otro producto que se ajuste mas a las necesidades que te van a crear mas adelante.
- ✓ "Este quiere que crea que es un referente pero es la primera vez que lo veo, asi que quiere crearse la fama"

Y si yo he caido en varias de estas trampas psicologicas y por eso hablo con autoridad de este tema, ya que al inicio las hacia y aunque me daban muy bueno resultados no me sentia bien conmigo mismo. Por eso decidi empezar a generar valor y a ayudar a las personas que tienen las ganas de aprender y hacer de su vida una fuente de inspiración.

Y como lo prometi si te quedaste hasta el final quiero felicitarte porque eres de esa pequeña cantidad de personas que conocen esos secretos ahora quiero darte mis contactos
Escribeme al correo:

furiaemprendedoraoficial@gmail.com
Facebook: furia_emprendedora
Instagram: @furia_emprendedora

Escribeme para saber que te quedaste hasta el final.

www.ingramcontent.com/pod-product-compliance
Lightning Source LLC
Chambersburg PA
CBHW041944240526
45473CB00033B/506